四宮　啓

バーチャル・陪審ハンドブック

もしも陪審員として裁判所に呼ばれたら

花伝社

目　次

はじめに

一九九九年七月に内閣に設置された司法制度改革審議会は、六〇回以上の審議を経て二〇〇一年六月一二日に最終意見書を取りまとめ、内閣に提出しました。その大きな特徴は、今回の司法改革の柱として、「国民の期待に応える司法制度の構築」（つまり利用しやすい司法制度）、「司法制度を支える法曹の在り方」（つまり法律家の増員とその質の維持）と並んで、「国民的基盤の確立」が掲げられたことです。「国民的基盤の確立」とは、要するに、立法、行政と比べて、選挙などがなく国民的基盤が弱かった司法にも、国民参加制度を導入して国民的基盤、つまりは民主的基盤を確立しようというものです。

私たちがその門を入ったばかりの二一世紀は、市民の世紀とも言われています。いろいろな社会的な、あるいは公的な事柄は、これまで一部の人たちが情報を独占して決定し、われわれ国民は、その決定の報告を受ける、いわば「結果報告の民主主義」でした。しかしこれからの社会は、専門家が持っている情報を、分かりやすく、十分に国民に伝達してもらい、国民相互間の十分な討論を経て、国民自身が決定していく、いわば「プロセス参加の民主主義」になってゆくでしょう。つまり、「公」とは、お役人が決め、個人に対立するものとして存在するのではなく、私たち一人ひとりが参加して決定してゆくものになるのです。司法制度改革審議会は、この点について、国民一人ひとりが統治客体意識から脱却して、自律的で社会的責任を負う統治主体として、自由で公正な社会の構築に参画してほしい、とメッセージを送っています。

このことは、司法もまた、国民とのコミュニケーションの場であることを再確認し、いわば国家と国民とのインターラクティブな司法（相互作用の司法）を作っていくことを意味します。

ところで、司法に国民が参加する制度としては、国際的にも様々な制度があります。しかし一番ポピュラーで、しかも民主制が徹底している制度は陪審制度でしょう。陪審制度はアメリカの映画や小説で馴染みがあるばかりでなく、後にも述べるように、わが国でも一九二八年（昭和三年）から一九四三年（昭和一八年）まで、刑事事件について行われていました。

司法制度改革審議会は、「広く一般の国民が、裁判官とともに責任を分担しつつ協働し、裁判内容の決定に主体的、実質的に関与することができる新たな制度を導入すべきである」として、無作為に選ばれた国民が、有罪・無罪と刑罰について、裁判官と一緒に議論し判断する「裁判員制度」を提言しています。これは陪審制度と、ヨーロッパなどで行われている参審制度（裁判官と国民が事実問題も法律問題も議論し判断する制度）を考慮して考えられた日本独自の制度です。参加する国民を事件ごとに無作為に選ぶ点では陪審制の要素を、裁判官と国民が一緒に議論し判断する点では参審制の要素を取り入れた新しい提案です。

アリゾナ州サンタフェ市の陪審法廷（州裁判所）

この提案は、一九四三年にわが国の陪審法が停止されて以来、約六〇年ぶりに、国民の司法への直接参加を復活させる画期的なものですが、具体的な制度設計はこれからです。よりよい制度設計の議論のためには、国民のみなさんに、裁判制度や、最も民主的と言われ、わが国にも経験がある陪審制度に関する正しい情報が提供されることが必要です。

そこで、このハンドブックは、バーチャルな世界で、日本にも陪審制度が復活し、みなさんが陪審員候補者として裁判所に呼ばれたと仮想して、みなさんの様々な疑問にお答えする形で、裁判制度や陪審制度の理解に役立てていただこうとするものです。

したがって、Ⅲ章以下の陪審制度の具体的手続きは、日本で行われていた制度や外国の制度（特にアメリカの制度）、また日本の諸団体がこれまでに発表したいろいろな新しい提言を元に、考えられる制度を示したものです。しかしその他の事項、たとえば裁判制度の仕組みなどは、すべて実際の裁判制度を前提にしています。

このハンドブックでは、陪審裁判が適用される事件として、①刑事事件―被告人が起訴事実を否認し、裁判官の裁判ではなく陪審裁判を選択した事件、②民事事件―不法行為による損害賠償事件でどちらかの当事者が陪審裁判を選択した場合、をとりあえず想定しました。

なお、審議会の「裁判員制度」の提案は、①とりあえず一定の重大な刑事事件に限ること、②被告人が起訴事実を否認している場合だけでなく認めている場合にも適用されること、③被告人に選択権を認めないこと、④裁判員と裁判官は一緒に評議すること、⑤裁判員と裁判官は有罪・無罪だけでなく、刑罰についても評決すること、などの点で、このハンドブックが想定した陪審制度とは異なっています。

このような陪審員向けのハンドブックとしては、戦前の日本にも陪審員用に「陪審手引」が発行されており（復刻版『陪審手引』現代人文社、二〇〇〇年）、またアメリカでも連邦裁判所や州裁判所が陪審ハンドブックを配布しています。この冊子の作成にあたっては、特にアリゾナ州とバージニア州のものを参考にしました（左がバージニア州のハンドブックです）。

この冊子が、将来陪審員になるかもしれない日本のみなさんにとって、裁判制度と陪審制度の正しい理解と、よりよい「裁判員制度」の制度設計、そして充実した陪審任務のお役に立てば幸いです。

バージニア州の裁判所が発行している陪審ハンドブックの表紙

Ｉ ようこそ裁判所へ

みなさん、裁判所へようこそ。

みなさんは私たちの社会の「正義」を実現するという、国民として最も重要な仕事の一つを果たすために裁判所に来られました。

裁判所は「正義」を実現する場ですが、民主主義社会では、国民から離れて「正義」が存在することはありえません。みなさんがこれから発見・実現するものこそが、この社会にとっての「正義」なのです。これまで国民は、公務員である裁判官が決める「正義」の受け手に過ぎませんでした。しかしこれからは、国民自身が「正義」の発信者になるのです。

だからといって、陪審裁判は、みなさんに専門的な知識や技術を求めるものではありません。

公正な裁判に必要なものは三つあります。第一は「証拠」です。裁判は証拠によって行われるものですが、証拠は対立する主張をしている当事者がみなさんの前に示します。みなさんが事実を調査したり証拠を集める必要はありません。第二は「法律」です。みなさんの判断に必要な法律は、裁判官が分かりやすく説明します。みなさんが法律を知っている必要はありません。第三は「常識」です。これは既にみなさんがお持ちものです。

みなさんには、これから裁判所の構成員となって、事件について、対立する当事者から証拠という事件に関する十分な情報を得、裁判官から法律に関する十分な情報を得て、常識に従って判断していただくのです。

みなさんのこれからの陪審員としての任務が、すでにこの経験をされた多くの国民のみなさんと同様、興味深く、有意義なご経験となることを期待しております。

本日は裁判所にお越しいただき、感謝申し上げます。

Ⅱ わが国の裁判制度と陪審制度

1　わが国の裁判制度

みなさんに関係する裁判には二種類あります。一つは、ある人が罪を犯したかどうかを判断する裁判で、刑事裁判と呼ばれています。そこでは裁判を起こす人は政府を代表する検察官で、裁判を起こされる人（被告人）は国民（外国人を含む）です。もう一つは、損害を被ったと主張する人（原告）から起こされ、裁判の相手方とされた人（被告）に損害賠償責任があるか、あるとして賠償額はいくらかを判断する裁判で、民事裁判と呼ばれています。

わが国の裁判制度は、三回審理を受けられる三審制度を採用しており、みなさんが関係する裁判は第一審の地方裁判所におけるものです。

2　陪審員が担当する仕事

陪審員の仕事は、刑事事件では、検察官の有罪の証明が出来ているか否かを判断することです。刑事事件において有罪を証明する責任は、一〇〇パーセント検察官が負っています。被告人には無罪を証明する責任はありません。なぜなら刑事事件では、すべての人は、裁判で有罪と証明されるまでは無罪と推定されるという重要な原則（「無罪推定の原則」）があり、検察官が有罪であることを証明できない以上、この原則に従って「有罪とは言えない（無罪）」と判断しなければならないからです。この原則は、私たちの自由を護《まも》るための、人類の知恵のひとつです。したがってみなさんは、検察官が、被告人の有罪を証明するためにみなさんの前に提出する証拠や証言に、常識的にみて疑問がないかどうかを判断し、疑問が残らなければ証明に成功したものとして「有罪」を、もし疑問が残るのであれば証明に成功しなかったものとして「有罪とは言えない（無罪）」と判断します。

民事事件では、原告・被告がそれぞれ提出した証拠について、どちらの証拠が勝《まさ》っているかを判断します。民事事件については刑事事件のように、どちらかの当事者を有利と推定する原則がないからです。

このように、陪審員は、刑事事件にしろ民事事件にしろ、事実（証拠）に関する判断を行うのであって、法律問題や手続問題については裁判官がすべて判断します。つまり陪審裁判では、裁判官と陪審員とがそれぞれ役割を分担して裁判を行うので、みなさんに専門的な知識は必要ないのです。

3　陪審裁判の歴史

陪審制度は、一一世紀ころのイギリスで、地元の者一二人を証人として召喚したことが起源とされています。その後、一七世紀までに「証人としての陪審」から「証拠を判断する陪審」へと変化し、現在のような陪審制度になったといわれています。

アメリカでは、イギリスの植民地として陪審制度が移入されましたが、本国イギリス政府の圧制から植民地の人々を護《まも》る役割を果たし、自由を護《まも》る制度として発展しました。そのため一八世紀のアメリカ独立に際しては、「陪審裁判を受ける権利」は人民の重要な権利として、憲法で保障されるまでになりました。

なお国際的に見ても、陪審制度は英米に限られているわけではなく、カナダ、オーストラリア、ニュージーランド、太平洋・大西洋の島国などイギリスの影響のある国々、デンマーク、オーストリア、ベルギーなどヨーロッパの国々、ブラジル、ベネズエラなど中南米の国々、ガーナなどアフリカの国々などで多く採用されています。またロシア、スペインなど、全体主義の政治体制が終わりを告げた国々で、民主制の復活と共に陪審制が復活している国々もあります。

陪審制度は日本とも無縁ではありません。開国後、欧米を視察した福沢諭吉ら思想家たちは、陪審制度を日本に紹介し、陪審制度は自由民権運動家たちの新しい国造りの目標の一つとなりました。当時自由民権運動家たちが起草した憲法私案には、陪審条項を持つものが多くあったことは意外と知られていません。

この運動は実を結びませんでしたが、その思想は脈々と続き、大正デモクラシーの潮流の中で、花開きます。政党政治家として初めて首相になった原敬《はらたかし》は、早くから陪審制度の重要性に注目し、国民の自由を護《まも》る観点、国民が政治に参加する観点から陪審法の制定に尽力しました。原には、この二つの観点を実現することは、ともに民衆の信頼に基礎を置く制度として、ようやく生まれた政党政治を護《まも》り育てることになる、という信念があったのです。

しかし陪審法案は、当時の官僚法律家たちの猛反発に遭《あ》い、幾度となく修正と妥協を強いられ、英米の陪審制度とはかなり異なるものとはなりましたが（例えば陪審員の評決があっても裁判官が気に入らなければやり直しを命じることができたなど）、一九二三年、陪審法は議会を通過成立し、五年の準備期間を置いて一九二八年一〇月一日から施行されました（今日一〇月一日が「法

1928（昭和３）年12月17日に行われた東京地方裁判所初の陪審法廷

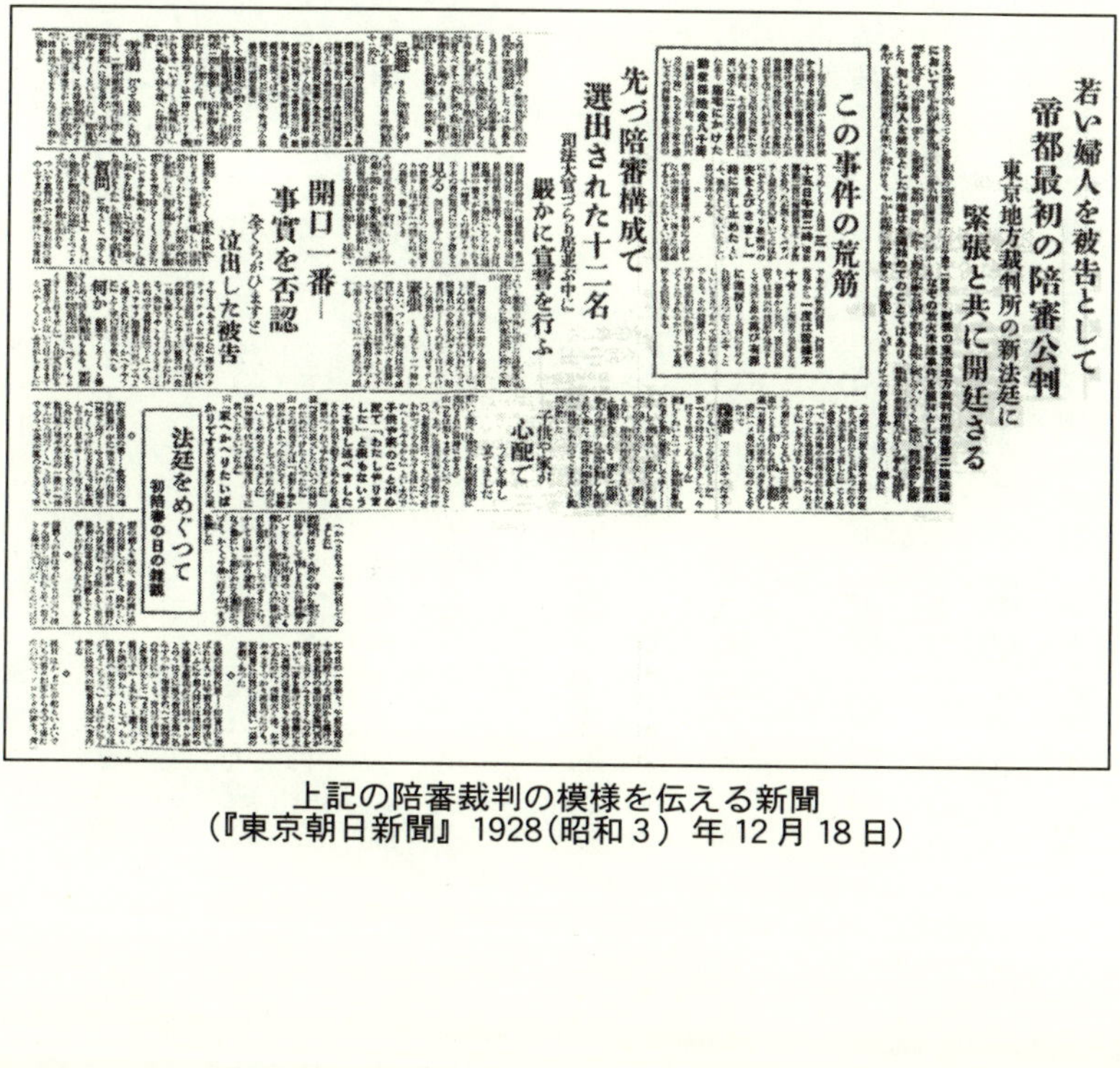

若い婦人を被告として
帝都最初の陪審公判
東京地方裁判所の新法廷に
緊張と共に開廷さる

この事件の荒筋

先づ陪審構成て
選出された十二名
厳かに宣誓を行ふ

開口一番—
事實を否認
泣出した被告

法廷をめぐつて

上記の陪審裁判の模様を伝える新聞
（『東京朝日新聞』1928（昭和３）年12月18日）

の日」とされるのはここに由来します）。

成立した陪審制度は二つの面で専門家の予想を裏切りました。一つは、当時の日本国民が任務を十分に果たしたことです。専門家は「普通の人に裁判などできるか」とたいそう心配していましたが、「杞憂であった」と多くの専門家が述べるほど、国民は誠実に任務を果たし、優れた成績を残しました。いま一つは、予想ほど利用されなかったことです。一九二八年までの一五年間に四八四件が行われたに過ぎませんでした。その理由としては、①控訴が認められなかったなど制度に不備があった、②軍国主義の時代に天皇の裁判を拒否して陪審裁判を選択することに抵抗があった、③法律家が国民に辞退を勧めた、などが挙げられています。

一九四三年四月、陪審法は戦争遂行という目的から、他の多くの自由主義的、民主主義的制度と同様、眠りに就かされました。しかし廃止ではなく、「停止」とされ、戦争終了後に「再施行」することが法律に明記されました。戦時にはともかく、平時には良い制度だ、と当時の人々も考えていたのです。

一九四五年の敗戦後、陪審制度の復活は当然議論され、枢密院《すうみついん》や帝国議会でも復活の要望が出されました。また国民主権を謳《うた》った新しい憲法の理念からも、当時の司法省（今の裁判所と法務省）では新しい陪審制度の施行を準備していました。ところが、従来からこの制度に反対していた官僚法律家たちは連合国軍最高司令部（ＧＨＱ）に強く復活反対を申し入れ、とうとうその実現を阻んでしまいました。しかしＧＨＱは、新しい裁判所法に「刑事について、別に法律で陪審の制度を設けることを妨げない」という条項を入れ、将来の陪審復活の礎《いしずえ》を残したのでした（裁判所法三条三項）。

その後半世紀以上を経た二〇××年、ようやくわが国にも陪審制度が復活施行されることとなったのです。

立命館大学に保存されている京都地裁の陪審法廷（立命館大学・松本記念ホール「陪審法廷開設記念」パンフレットより）

Ⅲ よく聞かれる質問について

1　なぜ私が呼ばれたのですか？

陪審員の任務は国民の義務とされています。二〇歳以上で普通選挙権を持つ人は陪審員候補者となる可能性があり、毎年作成される陪審員候補者名簿に、選挙人名簿から無作為に一定数が登載されます。裁判は社会の代表が行うことが重要ですから、なるべく社会の構成を正確に反映するよう、陪審員候補者は無作為に選ばれるのです。このようにして今回あなたが選ばれたのです。

2　呼ばれたら出頭しなければなりませんか？

はい。もしあなたが二〇歳以上で、日本語を理解し、これまでに一年以上の刑罰を受けたことがないのであれば、出頭する義務があります。もし正当な理由なく出頭しないと、過料の制裁を受けることがあります。

3　もし陪審員を務められない事情があるときはどうしたらいいのですか？

陪審制は国民に無理を強《し》いる制度ではありません。ご自身やご家族が病気で看護が必要な場合、非常に重要な仕事がある場合、一人の自営業者の場合、学生で試験がある場合など、合理的な理由があると裁判官が認める場合には、任務を免除または延期してもらうことができます。しかし単に「忙しい」というだけでは免除・延期されません。

質問のような場合は、裁判官宛ての、診断書、会社役員の証明書、確定申告書、学校の証明書などを裁判所に提出してください。免除または延期の判断は裁判官が行います。

4　陪審員として働いている間、仕事はどうなるのでしょうか？　給与は支払ってもらえるのでしょうか？　仕事に行かないことによって会社内で不利益はないでしょうか？

従業員が陪審員として召喚された場合には、雇用者はこれに協力しなければなりません。法律によって、陪審員として召喚されたり任務を果たしている従業員に対して、雇用者はそれを理由に不利益を課することが一切禁止されますし、その期間の給与の支払いも義務付けられています。

5　陪審員に対して報酬は出るのですか？　交通費はどうですか？

陪審員あるいは陪審員候補者として裁判所に出頭する場合は、日当と交通費が支給されます。

6　陪審任務の期間はどのくらいかかるのでしょうか？

陪審員候補者として召喚され、特定の事件の陪審員あるいは補充陪審員に選任されなかった場合は、その場でお帰りいただいて結構です。もし特定の事件の陪審員あるいは補充陪審員として選任された場合には、事件終了まで任務を務めていただきます。その期間は事件によってまちまちで、一日で終わる場合もありますが、終わらない場合もあります。

7　一日で裁判が終わらない場合、家に帰れるのですか？

はい。裁判官が例外的に宿泊を命じない限り、ほとんどの場合、家に帰ることができます。ただし、その際、裁判官の指示には必ず従ってください。

8　任務の途中で個人的な緊急事態が発生した場合はどうしたらいいのですか？

裁判官に連絡してください。ご自身あるいはご家族の急病など、裁判官が「これ以上任務を継続していただくことが相当でない」と判断するのであれば、補充陪審員と交代してもらうことができます。

9　今回の任務を果たした後、今後何回くらい呼ばれるのでしょうか？

わが国では「一日または一公判制度」というシステムを採用しています。これは、陪審員候補者として召喚され、陪審員あるいは補充陪審員として選任されなかった場合はそれで任務を果たしたこととし（「一日」）、陪審員あるいは補充陪審員として選任された場合にはその事件終了まで陪審員として務めていただく（「一公判」）制度です。いずれの場合も任務を果たしたことになり、その後四年間は召喚されません。

10　託児所はありますか？

託児所はありませんが、裁判所がチャイルド・ケアの業者と契約しており、安心してお子さんを無料でお預けいただけます。

11　どんな服装で行けばいいのですか？

背広、ドレスなど正装の必要はありません。みなさんが相当と考える服装で結構です。ただ、半ズボン、Ｔシャツなどはご遠慮ください。

12　裁判所へはどう行ったらいいのですか？　駐車場はありますか？

裁判所への交通機関など、地図（略）がこのハンドブックの裏面にあります。また裁判所近くに陪審員用の無料駐車場を用意してありますのでご利用ください。

13　七〇歳になるのですが、任務を免除してもらえますか？

陪審員となるためには二〇歳以上であれば年齢制限はありません。ただし、七〇歳以上の方は免除の申請をすることができます。

14　身体に障害があるのですが、任務を務められますか？

裁判所、法廷へも車椅子でお越しいただけます。お手伝いできる職員も待機しておりますので、遠慮なくお申し出ください。

Ⅳ 陪審員の選定手続

1　陪審員はどのようにして選ばれるのですか？

みなさんが裁判所に出頭されますと、陪審員待合室での受付後、わが国の裁判制度や陪審制度に関するオリエンテーション・ビデオをご覧いただきます。その後、係員の指示に従ってそれぞれの法廷に入っていただきます。法廷では裁判官から再度オリエンテーションがあり、当事者、代理する法律家、事件のあらましなどが紹介されます。事件によってはみなさんに、質問票に回答していただくことがあり、裁判官や法律家から質問を受けることもあります。そのため宣誓手続があり、宣誓したうえで真実に反することを答えると、偽証罪に問われることがあります。

裁判官が、陪審員として公正・公平な判断をしていただくことが困難と判断する場合、たとえば、事件に利害関係がある場合、既に一定の判断を固めてしまっている場合、個人的な予断・偏見がある場合などには、お帰りいただくことがあります。これを「理由のある忌避（きひ）」と呼んでいます。このようにして公正性、公平性に疑いがあると裁判官が判断する候補者が除かれた後、当事者双方には、一定数、理由を示さずに候補者を忌避する権利が与えられます。これを「理由を示さない忌避」と呼び、その数は裁判官が決定します。これは当事者が、陪審の公正性、公平性について納得するために与えられる権利で、みなさんの人格や陪審員としての能力などとは一切関係がありません。ですから仮に忌避されたとしてもどうぞ気になさらないでください。

このようにして選ばれた一二人が陪審員として証言や弁論を聴き、事件について判断することになります。

2　補充陪審員とはなんですか？

補充陪審員とは、以上のようにして選ばれた陪審員に何か事故があり、陪審員としての任務を継続することが困難な場合、その陪審員に代わって審理に参加する人のことを言います。ですから、補充陪審員も審理の最初から最後まで証拠調べや弁論に立ち会うことが必要となります。

補充陪審員の数は裁判官が決定します。

V 陪審公判手続

1　法廷にいる人々

陪審法廷にいる人々を紹介しましょう。

①裁判官　裁判手続を運営し、法律問題・手続問題を担当します。法廷のすべての手続は裁判官の下に運営され、法廷のすべての人は裁判官の指示に従う義務があります。

②書記官　法廷で行われる手続を記録し、証拠を保管し、また裁判官を助けます。

③速記官　法廷で事件について交わされるすべての発言を記録します。

④検察官（原告）　裁判を起こした側の当事者とその代理人です。

⑤被告人・弁護人（被告）　裁判を起こされた側の当事者とその代理人です。

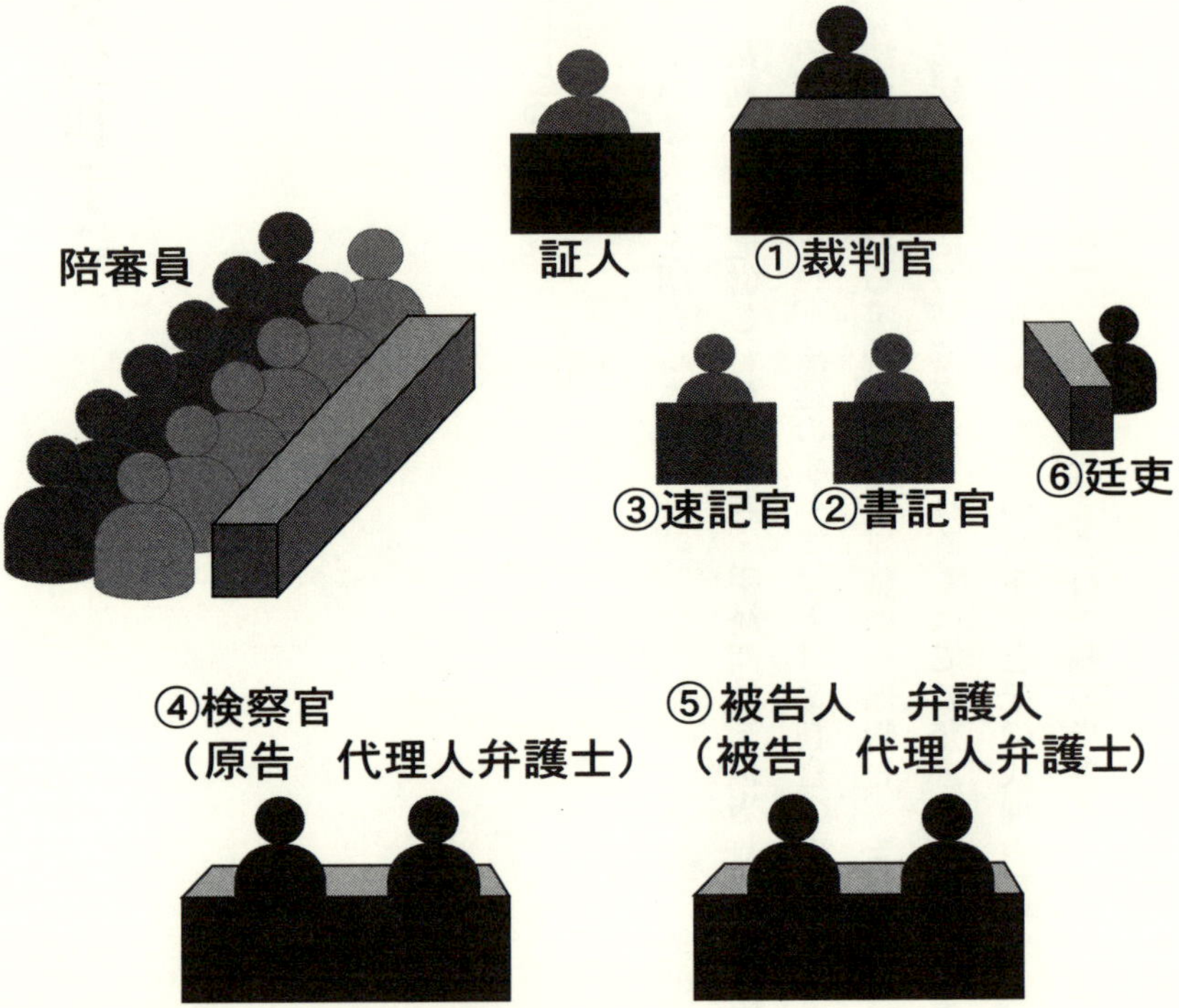
陪審員
証人
①裁判官
③速記官
②書記官
⑥廷吏
④検察官
（原告　代理人弁護士）
⑤被告人　弁護人
（被告　代理人弁護士）

⑥廷吏　裁判官の指示により法廷の秩序を維持し、また陪審員と法廷との連絡役も務めます。

2　陪審員の仕事と裁判官の仕事

先ほど述べましたように、陪審員の仕事は、刑事事件では、検察官の有罪の証明が出来ているか否かを判断することです。刑事事件において有罪を証明する責任は、一〇〇パーセント検察官が負っています。被告人には無罪を証明する責任はありません。なぜなら刑事事件では、すべての人は裁判で有罪と証明されるまでは無罪と推定されるという重要な原則（「無罪推定の原則」）があり、検察官が有罪であることを証明できない以上、この原則に従って「有罪とは言えない（無罪）」と判断しなければならないからです。したがって陪審員の仕事は、裁判官が行う場合と同様、検察官が被告人の有罪を証明するためにみなさんの前に提出する証拠や証言に、常識的にみて疑問がないかどうかを判断することです。疑問が残らなければ証明に成功したものとして「有罪」を、もし疑問が残るのであれば証明に成功しなかったものとして「有罪とは言えない（無罪）」と判断します。

民事事件では、原告・被告がそれぞれ提出した証拠について、どちらの証拠が勝《まさ》っているかを判断します。民事事件については刑事事件のように、どちらかの当事者を有利と推定する原則がないからです。

このように陪審員は、刑事事件にしろ民事事件にしろ、事実問題、つまり証拠に関する信用性の判断を行うのであって、法律問題については裁判官がすべて判断します。つまり陪審裁判では、裁判官と陪審員とがそれぞれ役割を分担して裁判を行うので、みなさんに専門的な知識は必要ないのです。

3　法律問題とはどのようなものですか？

法律問題とは、その事件について適用される法律は何か、に関する問題です。そこには法律の解釈に関するものもあれば、手続に関するものもあります。手続に関するものとしては、どのような証拠が法廷に提出されることが許されるべきか、どのような質問が許されるべきか、どのような証言が許されるべきか、などです。これらの法律問題はすべて裁判官の専権として、裁判官が当事者の意見を聴いて判断します。

陪審員は個人的に反対であっても、裁判官が与える法律に従う義務があります。

4　事実問題とはどのようなものですか？

事実問題とは要するに、当事者が提出した証拠の信用性を判断することです。提出された複数の証拠が反対の事実を示すことは珍しいことではありません。しかしどうか困惑しないでください。だからこそみなさんに来ていただいて判断していただく必要があるのです。すべての証人尋問を注意深く聴き、提出されたすべての証拠を見て、常識に従って判断することがみなさんの仕事です。

5　公判の手続はどのように進みますか？

【陪審員の宣誓】

陪審裁判の公判は、陪審員のみなさんの宣誓から始まります。みなさんは、良心に従って、法廷に提出された証拠と法律だけに基づいて判断することを宣誓します。

【裁判官の冒頭説示】

裁判官が審理の冒頭に、裁判制度や適用される法律、事件の争点などについてみなさんに分かりやすく説明します。これを冒頭説示と呼びます。

【冒頭陳述】

当事者が冒頭に、これから証拠によって証明しようとする事実を陪審員のみなさんに弁論します。刑事事件では検察官、弁護人の順で、民事事件では原告、被告の順で行われます。これは当事者が真実と考えている事実関係を主張するものですから、証拠ではありません。

【証拠調べ】

当事者がそれぞれの主張を証拠で証明する手続です。証人を召喚して尋問したり、証拠物を示したりします。裁判官が証拠として法廷に提出することを許したものだけが証拠となり、みなさんの唯一の判断材料となるのです。法廷外で見聞きしたものは判断材料とすることはできません。証拠調べは刑事事件では検察官、弁護人の順で、民事事件では原告、被告の順で行われます。

【最終弁論】

証拠調べが終了すると、当事者が、これまで法廷に提出された証拠に基づいて、自らの主張の正しさをみなさんに対して主張します。これを最終弁論と呼びますが、最終弁論も当事者の主張であって、証拠ではありません。

【最終説示と設問】

当事者の最終弁論の後、裁判官が、事件について適用される法律、争点、当事者が証明しなければならない事実、証拠のルール、評議の仕方などについて分かりやすく説明します。これを最終説示と呼び、法廷で説明されるものと同じものが印刷されてみなさんのお手元に届きます。

また裁判官は、みなさんが議論し、判断しなければならない問題点について質問を出します。これを「設問」と呼び、みなさんは裁判官が与えるこの設問に従って評議をし、答えていくことになります。

6　陪審員は審理中、メモを取ることができますか？

はい。メモ用紙とペンが各自に支給されます。但し、証人尋問では、証言内容だけでなく、証言態度も、証人の信用性を判断する上で非常に重要ですから、メモを取ることにばかりに気を取られることのないように注意してください。

7 陪審員は審理中、質問することができますか?

はい。証人尋問については、当事者の尋問が終了した後、裁判官がみなさんの質問を認める場合があります。その場合、質問事項をメモ用紙に書いて裁判官に渡してください。裁判官と当事者が協議して質問が相当と判断された場合、裁判官がみなさんに代わって質問します。また裁判官に対して質問がある場合にも裁判官にその旨伝えてください。いずれにしろ、法廷での裁判官の指示に従ってください。

8 「異議」とは何ですか?

証人尋問の途中などで、当事者の一方が異議を申し立てることがあります。当事者の異議は、法廷に提出されてはならない証拠が提出されることを防いだり、争点とは関係ない論争が行われることを防いだりして、手続が適正に行われるように裁判官に是正を促す、当事者の重要な権利です。当事者が異議を申し立てると、裁判官はその異議に理由があるか否かを判断して決定を下します。証人尋問の途中で、ある質問に異議が出され、裁判官が異議に理由があるとして認めた場合、その質問に対してなされた証人の答えは、証拠として認められなくなり、みなさんはこれを考慮してはならなくなります。

異議は、陪審員から何かを奪おうとするものではありませんし、裁判官の異議を認めるか否かの判断は、当事者の有利・不利とは関係がありません。

9　公判途中で陪審が退廷する場合がありますか？

はい。異議が出された場合など、裁判官が当事者と法律上の問題について意見を交換する必要があると判断した場合、みなさんに退廷していただくことがあります。これは、証拠のみによって判断していただくみなさんが、証拠ではない法律家同士の議論を聴くことが相当でない場合があるからです。

そのような場合には、陪審員室でお茶を飲んでくつろいでください。

10　休憩はあるのですか？

はい。裁判官の判断によりますが、通常、昼食、その他必要に応じて休憩があります。

11　事件が続いている間に他の人と話しをすることができますか？

事件の内容に関しては、事件終了まで、家族も含め法廷関係者以外の人とはもちろん、法廷関係者、陪審員同士でも話すことは禁止されています。証拠以外の情報を聴いたり、判断を固めてしまうおそれがあるからです。

事件以外のことはもちろん会話することができます。

12　審理中、テレビ・ラジオ・新聞などを見たり、聴いたり、読んだりすることはできますか？

事件に関する報道には一切アクセスすることが禁止されています。担当している事件について証拠以外の情報に触れるおそれがあるからです。

事件と無関係のものは、もちろん見たり、聴いたり、読んだりすることができます。

13　法廷外で何かを聞いたり、誰かが接触して来た場合、どうしたらいいのですか？

バージニア州シャロッツヴィールの陪審法廷。陪審席は正面、裁判官の前。トーマス・ジェファーソンもこの法廷で弁論したという。

そのようなことがあったら、すぐ裁判官に連絡して、何があったかを詳細に報告してください。何があったかは、裁判官以外の人には話さないでください。

14　刑罰を決めるのも陪審ですか？

いいえ。刑事事件では、陪審員は有罪・無罪を判断しますが、陪審員が有罪と判断した場合、刑罰は、裁判官が、さらに当事者双方の意見を聴いて判断します。

15　損害賠償額を決めるのも陪審ですか？

はい。民事事件では、被告の損害賠償責任の有無だけでなく、被告に損害賠償責任があると陪審が判断した場合、その賠償額も、当事者双方の意見を聴いて陪審員が判断します。

Ⅵ 評議と評決

1　裁判官の最終説示の後はどうなりますか？

裁判官が最終説示を与えた後、いよいよみなさんは評議室に移り、評議を始めます。評議室でみなさんがまずすべきことは、評議の議長役である陪審長を選任することです。

2　評議室には陪審員以外にも誰かいるのですか？

いいえ。評議室には陪審員だけが入ることができ、裁判官といえども入室することはできません。陪審員が裁判官や法廷と連絡を取りたい場合は、廷吏に伝えて連絡を取ることができます。

3　評議はどのようにして行うのですか？

評議は、陪審長のリードの下、裁判官の設問に従って行われます。それぞれの設問について、証拠や証言の信用性、法律の検討などが議論されるでしょう。一二人すべてのみなさんが意見を述べてください。

4　裁判官の説示について質問があったり、証拠をもう一度見たい場合はどうしたらいいのですか？

廷吏を通じて裁判官に連絡してください。法廷で、裁判官が質問を受けて回答したり、もう一度確認したい証言部分を速記官に朗読してもらうことができます。また証拠物や証拠書類は評議室に持ち込むことができます。

5　評決は多数決でいいのですか？

刑事事件では、有罪・有罪とはいえない（無罪）のいずれの結論にも全員一致が必要です。民事事件では九票以上の賛成が必要です。但し、民事事件でも少数意見を十分検討してください。

6　評議には時間制限があるのですか？

いいえ。刑事事件では全員一致、民事事件では九票の評決に到達するまで、時間の制限は一切ありません。十分に評議してください。

7　評決に到達したらどうするのですか？

評決に到達したら、裁判官から渡されている評決書に必要事項を記入し、陪審長が署名して、廷吏にその旨連絡してください。直ちに関係者が集合して法廷が開かれ、法廷で評決書が読み上げられます。

評決書が読み上げられ、記録されると、みなさんの任務は終了します。

8　評決後は事件について誰かと話せるのですか？

評決後、事件について第三者と話すかどうかはみなさんの自由です。話すこともできますし、拒否することもできます。但し、評議室における陪審員相互間の会話については、プライバシーを守ることが求められています。陪審員相互の自由な議論を保障するためですのでご理解ください。

Ⅶ 法廷用語集

次の用語は、法廷でしばしば耳にする法廷用語のうち、このハンドブックの他の場所で説明されていないものをいくつかご説明するものです。

起訴状

検察官が刑事裁判を求めるために裁判所に提出する書類。起訴された人、犯罪事実である「公訴事実」、適用される犯罪の名前である「罪名」、適用される条文である「罰条」が記載される。

訴状

民事裁判を起こすために原告が裁判所に提出する書類。原告がどのような裁判をどのような理由で起こすかが書かれている。

答弁書

原告の訴状に対して被告が応答した書面。

準備書面

民事事件の当事者の主張を書いた書面。

証拠方法

ある事実の存在または不存在を法廷で証明する手段。大別して、人、書面、物に大別される。人を「人証」、書面を「書証」、物を「物証または証拠物」という。

証拠

証拠方法によって得られた、ある事実の存在・不存在を証明するもの。証人の証言、書面の記載、証拠物などがある。

証拠能力
法律に従って法廷に証拠として提出できる、証拠としての適格。

主尋問
証人を請求した側が最初に行う尋問。

反対尋問
証人を請求していない側が行う尋問。

異議
当事者が手続の違法の是正を申し立てる権利。

伝聞証拠
又聞き証言のように、法廷で証言している人以外の人が、裁判所の外で述べた供述や、書面に書かれたもの。その場で反対尋問を行って正確性をチェックできないため、原則として、証拠として認められない。

誘導尋問

証人に対して求めたい答えが含まれた尋問。主尋問では誘導尋問は禁止される。

自白

自己に不利な事実を認めること。民事事件では自白があると、その事実は証拠で証明する必要がなくなる。

自白の任意性

刑事事件で、被告人が自己に不利な事実を認める供述を行っている場合、自発的に述べたということ。自発的に述べたことに疑いがあるときは、その自白は証拠能力がないとされる。

自白の信用性

証拠として認められた自白の内容が信じられるかどうかという問題。

立証責任

ある事実について、どちらの当事者が証明する義務を負っているかということ。義務を負っている側が証明に失敗すれば、その事実は証明されなかったものとして、その当事者に不利に考慮される。刑事事件ではすべての事実について検察官が立証責任を負っている。

戦前の陪審制で陪審員に配布された陪審記章（吉野助松氏所蔵）

Ⅷ 裁判官の説示例

【冒頭説示例】

陪審員のみなさん、これから、みなさんが審理を通じて従わなければならない法律などのルールをお伝えします。

まずみなさんが本件の証拠を判断する上で役立つ、刑事裁判の基本的諸原則についてご説明します。

起訴状は、被告人に不利な証拠として考えてはなりません。それは検察官が裁判を求めるために必要な、単なる書面に過ぎません。

またみなさんの前で行われる法律家の弁論も証拠ではありません。

法の下では、被告人は、公訴事実について無罪と推定されています。この推定は、被告人が有罪であるということにつき、みなさんが合理的な疑いを残さない程度にまで証拠によって説得されるまで、裁判のあらゆる過程を通じて存続します。そして被告人が合理的な疑いを残さない程度に有罪である、という立証責任は政府を代表する検察官に一〇〇パーセントあります。法は、被告人が無罪を立証することを求めていないのです。

裁判官は法律に関する裁判官です。みなさんがすべての証言を聴き、検察官・弁護人の弁論を聴いた後、本件審理の最後に、私が本件に必要なすべての法律について説示をいたします。みなさんは、私が与える法律を、与えられたとおりに受け入れ、これに従う義務があります。これに対して、本件の事実に関する裁判官は、あなた方陪審員です。事実とは、証人の信用性の判断を含みます。私が申し上げた「信用性」とは、証人が真実を述べているかどうかだけでなく、証言の価値の判断をも含みます。陪審員のみなさんは、証言の全部を信用することもできますし、一部を信用することもできますし、全部を信用しないこともできます。みなさんは、すべての証拠を聴き、法律家の弁論を聴き終え、裁判官からの説示を受取った後、被告人が有罪か無罪かを判断します。これはあなた方陪審員の義務です。

証人尋問の中で、みなさんは法律家から出される異議を聞くことがあるでしょう。異議は裁判官を助け、その目的は、私たちの司法システムの一部として、争点に関してだけ裁判が行われ、無関係な事柄や法が認めない事柄を排除しようとすることにあります。みなさんは、異議を、検察側にも被告人側にも有利にも不利にも受け止めてはなりませんし、みなさんから何かを取り上げようとしていると感じてはなりません。

裁判の進行中、私が、異議や申立について法律的な裁定をすることがあります。みなさんは私が行う裁定から、私が事件の内容について、一方当事者に対して何らかの有利な意見を持っていると考えてはなりません。そしてもし、私がある証人への質問に対する異議を認めた場合、みなさんは、異議がなければどんな答えが言われただろうかと推測してはなりませんし、質問自体から判断することもしてはなりません。

裁判の間、法律家が私のこの席に集まり、ひそひそ話しをすることがあります。これは「裁判官席討議」（ベンチ・カンファレンス）と呼ばれています。そこでは、みなさんが聴いてはならない法的な問題について討議します。私たちのひそひそ話にどうかいらいらしないでください。また私たちが何を討議しているか、詮索しないでください。

みなさんは、私からの説示があり、みなさんが評議を始めることが許されるまで、本件について、たとえみなさん同士であっても、討議してはなりません。もちろん他の誰とも事件について議論してはなりません。誰かがあなたと議論しようとしたら必ず断って、直ちに私に報告してください。被告人、弁護人、検察官、証人らとも話をしてはなりません。事件について個人的な、いかなる調査もしてはなりません。本件について報じている新聞、ラジオ、テレビは、見たり聴いたり読んだりしてはなりません。みなさんの判断は、この法廷に出された証拠と私の説示にだけ基づいてなされなければなりません。

みなさんは審理に際してメモを取ることができます。メモを取る場合でも、メモを取ることに気を取られずに、証言に集中することを忘れないでください。また、他の陪審員とメモを共有したり、見せ合ったりしてはなりません。

さて本件では被告人は殺人罪で起訴されています。これに対して、被告人は起訴事実を否認しています。みなさんの任務は、これから検察官が読み上げる起訴事実が、合理的な疑問を一点も残さない程度にまで、有罪と証明されているかどうかを判断することにあります。これから行われる証言をよく聴いて判断してください。

立証の順番は、検察官、弁護人の順番で行われます。みなさんは一人ひとりの証人ごとに有罪・無罪を判断するのではなく、すべての証言を聴き終え、検察官、弁護人の最終弁論を聴き、さらに私の説示を聴き終えるまで、どうか結論を出さずに、すべての証言を公正に受けとってください。

それでは検察官、冒頭陳述をどうぞ。

【最終説示例】

みなさんはすべての証拠と最終弁論を聴き終えました。それではこれから私が、本件に適用される法律についてご説明いたします。みなさんは個人的な好き嫌いに関わらず、この説示に従う義務があります。

被告人は殺人罪で起訴されています。これに対して、被告人は事実を否認しています。

殺人とは「殺意をもって人を殺害すること」です。本件では被害者のAさんが何者かによって殺害されたことは争いがありません。本件の争点は、検察官が主張する日時、場所、方法で、被告人が、殺意をもって、被害者を殺害した、と認定できるかどうかです。

検察官は、被告人が検察官主張の日時、場所、方法でAさんを殺害したことについて、すべての事実について立証する責任を負っています。これに対して被告人は自分が無罪であることを証明する必要はありません。

もし、みなさんが、被告人が検察官主張の日時、場所、方法でAさんを殺害したと認定することについて、合理的な疑いはない、と判断するのであれば、有罪の評決をしなければなりません。これに対して、もし合理的な疑いが一点でも残ると判断するのであれば、無罪の評決をしなければなりません。

では「合理的疑いを残さない証明」とは何でしょうか?

これは「おそらく有罪であろう」とか「たぶんやったであろう」という程度の証明では足りないということを意味します。他方、それは、「有罪であることが科学的に絶対間違いない」という程度までの証明までは意味しません。その程度まで証明することは人間が行う裁判では不可能だからです。

それでは、「合理的疑いを残さない有罪の証明」とは一体何を意味するのでしょうか? それは、みなさんの常識と良心に基づいて、疑いが残らないという程度の有罪の立証を意味します。

みなさんは本件の、事実に関する唯一の裁判官です。従って、被告人に対する同情や嫌悪、予断、感情等で判断してはなりません。みなさんの前に提示された証拠と私が示した説示にだけ従って判断してください。

これから別室で評議していただきますが、みなさん全員が十分に意見を出し合ってください。最初に決を採ることはお勧めできません。もし最初に意見を述べてしまうと、人間はその意見に自ら拘束されるおそれがあるからです。しかし、もし他の陪審員の意見が合理的だと納得したら、自分の意見を変えることをためらわないでください。ただし、自分の意見が少数だからという理由だけで多数の意見に変えることはしないでください。評決は有罪の場合も、無罪の場合も全員が一致することが必要です。

みなさんの中からお一人陪審長になっていただきます。陪審長は評議の議長役であり、裁判所との連絡役でもあります。評議室に入ったら陪審長を互選してください。

では評議室に移っていただきます。質問があったり、証拠、証言を確認したい場合はいつでも廷吏に連絡してください。

ではもう一度お願いします。みなさん一人ひとりが、事件について十分に意見を述べ合ってください。

あとがき

最後までお読みいただき、ありがとうございました。このハンドブックでお伝えした陪審制度の姿は、みなさんがこれまで抱いていたイメージと同じでしたか、違いましたか？

「はじめに」で述べましたように、政府の司法制度改革審議会は、司法に国民的基盤を確立するため、「裁判員制度」と呼ばれる制度の導入を提言しました。これは陪審制度と参審制度をミックスした新しい提言で、国民の代表と裁判官が共に審理に参加し評議して、被告人の有罪・無罪と、有罪の場合の刑罰の種類と重さを決定する制度です。

ただし、審議会がまだ決めていない重要な点がいくつかあります。一つは参加する裁判官と裁判員の数です。この点は、国民が参加する意味をどう考えるかによって、答えが違ってきます。

国民参加によって社会常識を取り入れ、裁判官の裁判を補完することにこの制度の意義を見出そうとする人々は、参加する国民の数も資格も制限する方向に傾きがちです。これに対して、国民は主権者として参加するのであり、十分な情報を法律専門家から得て、主体的に裁判内容を判断する点に制度の意義を見出そうとする人々は、参加する国民の数も資格も、広く考えます。

この点について審議会は、この制度の精神について、後者、つまり二一世紀の国民は、お上任せから抜け出して、公共意識を育て、国民主権の精神から、自律性と責任感を持って司法にも参加することが必要だ、と合意しました。だからこそ、参加する国民の資格について審議会は、「広く一般の国民」に資格があると合意したのです。そうであるとすれば、参加する国民の数についても、参加する国民が安心して、つまり専門家の前で小さくならずにすむ程度の数はどうしても必要でしょう。裁判官と陪審員の数について歴史的に変遷を重ねてきたフランスが、現在裁判官三名、陪審員九名に落ち着いたのは、経験的な合理性があったからでしょうし、陪審裁判を担当する裁判長の多くが、「参加する国民が安心するために九名は必要だ」と口を揃えるのも頷《うなず》けます。

もう一つの重要な点は、参加する国民の権限です。審議会の提言では、裁判員制度の適用のある事件では、裁判官と国民が一緒に評議して評決することになっています。しかし、たとえば、政治犯罪や公務員の犯罪の場合はどうでしょうか？　政府自身や政府の構成員が直接関係する裁判に、広い意味での政府の一員である公務員としての裁判官が評決権を持つことは、裁判の公正らしさに疑問がないでしょうか？　そのような事件では、むしろ法律専門家である裁判官の援助の下に、国民だけで評決する制度も考えられていいのではないでしょうか？　国民の表現の自由が問題となるわいせつ罪や名誉毀損などの犯罪についても同じことが言えるように思います。

国民参加制度の精神を前述のように国民主権から考えるのであれば、国民だけが評決権を持つこのような制度は自然に導かれると思いますし、陪審制度はまさにその制度なのです。

そうは言っても、法律専門家ではないみなさんは、人ひとりの運命を決めることにはためらいがある、とお考えかも知れません。しかし、陪審制度のように国民が評決する制度でも、法律専門家としての裁判官の役割が重要であり、みなさんを十分にお手伝いすることはこのハンドブックで述べたとおりです。

そして裁判というものは、みなさんが被害者や被告人にならなくとも、決してみなさんと無縁ではありません。犯罪とは、みなさんの代表が作った法律を、みなさんの社会に住む人が破り、みなさんの社会に住む人を傷つけ、みなさんの社会の安全を損なうものです。また間違って無実の人が有罪になることは、みなさん自身の自由も脅かされることを意味します。

みなさんが担当する任務は、被告人という一人の運命を決めるだけではなく、みなさんやみなさんの家族が暮らす社会の秩序を回復する、あるいは社会の正義を実現することにあります。「正義」は、お役人が決めてくれるものではありません。社会正義と言われるように、社会を構成する人々によって決められるものが正義なのです。だからこそ、裁判員の数と権限が重要な問題であるということを、お分かりいただけるのではないかと思います。

どうかみなさんがこのハンドブックを手掛かりに、二一世紀に相応しい、みなさんの国民参加制度を考えてくださることを願ってやみません。

二〇〇一年六月、司法制度改革審議会の最終意見書提出の日に

四　宮　啓

四宮　啓（しのみや・さとる）
1952年生まれ。弁護士。1981年司法研修所33期修了。同年弁護士登録（千葉県弁護士会）。1994年から1995年までカリフォルニア大学バークリー校ロー・スクール客員研究員としてアメリカの陪審制度を調査研究。現在、日弁連司法改革推進本部事務局次長。陪審制度の復活を目指す市民の会である「陪審裁判を考える会」事務局。

著書『O．J．シンプソンはなぜ無罪になったか─誤解されるアメリカ陪審制度』（現代人文社、1997年）、監修『復刻版・陪審手引』（同社、1999年）

バーチャル・陪審ハンドブック ─もしも陪審員として裁判所に呼ばれたら─

2001年6月20日　初版第1刷発行

著者 ── 四宮　啓
発行者 ── 平田　勝
発行 ── 花伝社
発売 ── 共栄書房
〒101-0065　東京都千代田区西神田2-7-6 川合ビル
電話　03-3263-3813
FAX　03-3239-8272
E-mail　kadensha@muf.biglobe.ne.jp
http://www1.biz.biglobe.ne.jp/ ~kadensha
振替 ── 00140-6-59661
装幀 ── 神田程史
印刷 ── 中央精版印刷株式会社

ISBN4-7634-0367-2 C0032